井戸尻の縄文土器 5

井戸尻遺跡 2 号・3 号・4 号住居址
5 号小堅穴出土土器

長野県富士見町井戸尻考古館 編

Jomon Potteries in Idojiri Vol.5
Idojiri Ruins Dwelling Site #2, #3 #4, Small Pit #5

Edited by
Idojiri Archaeological Museum
Fujimi-cho, Nagano, Japan

Texnai

長野県富士見町井戸尻考古館

　八ヶ岳西南麓では縄文時代（約12,000～2,000年前）の生活文化を伝える遺跡がこれまで多数発掘されてきました。館内には、富士見町内で発掘調査した資料のうち、2,000点余りの土器や石器が年代順に並べられ、その移り変わりや用途を知ることができます。また、住居展示や食物・装身具なども併せて展示し、一見すればわかるように工夫されています。また、土器や土偶など図像の解読で明らかになった当時の宗教観や世界観・神話なども意欲的に解説しています。

　館外には、5,300平方メートルの敷地に配石遺構のほか、栽培作物圃場・石器材料岩石園を設け、当時の食生活や農具の究明を行っています。また、史跡井戸尻には復元家屋が建ち、涸れることのない湧水の音に耳を傾けると、しばし縄文の世界に浸ることができます。考古館の隣には、この地域の民俗資料を収集した歴史民俗資料館が併設されています。

- 場所：〒399-0101 長野県諏訪郡富士見町境7053
  TEL：0266(64)2044　FAX：0266(64)2787
  E-mail：idojiri@town.fujimi.lg.jp
  URL http://userweb.alles.or.jp/fujimi/idojiri.html
- 開館時間：午前9時～午後5時(休館日：月曜日・祝日の翌日・年末年始)
- 鉄　道：JR中央本線信濃境駅下車　徒歩15分。
- 自動車：中央自動車道小淵沢ICより信濃境方面へ6Km　約15分。
  国道20号線上蔦木信号より信濃境方面へ2Km上る　約5分。

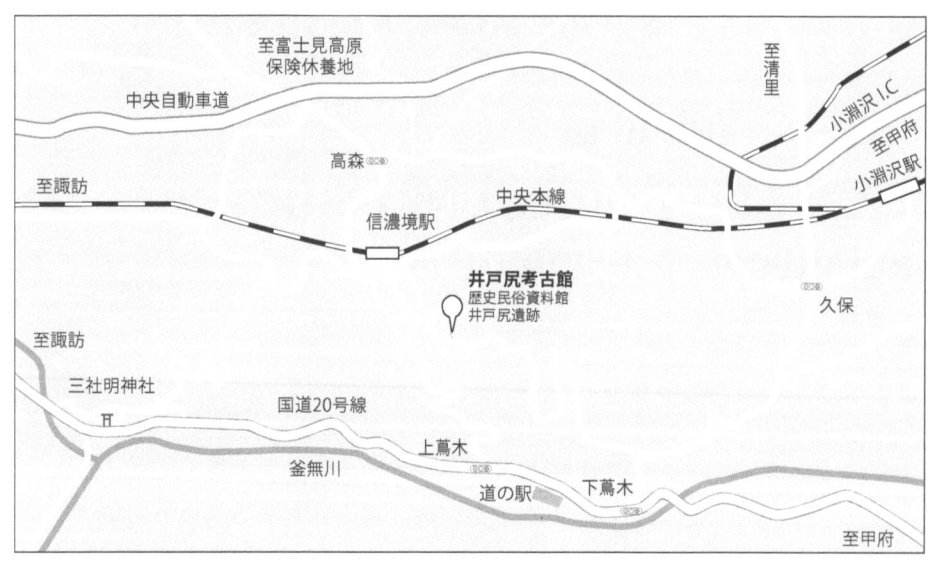

井戸尻の縄文土器 ⑤　井戸尻遺跡2・3・4号住居；5号小竪穴出土土器　ハードカバー版
Jomon Potteries in Idojiri ⑤　Idojiri Ruins Dwelling Site #2・3・4; Small Pit #5　Hardcover Edition

編者：長野県富士見町教育委員会 井戸尻考古館	Edited by Fujimi-cho Board of Education Idojiri Archaeological Museum
初版発行：2019年12月1日	1st Edition: Published on December 1, 2019
印刷製本：IngramSpark, USA	Printed by IngramSpark, USA
発行所：株式会社テクネ	Published by Texnai, Inc.
神奈川県川崎市中原区宮内4-7-3-505	4-7-3-505 Miyauchi, Nakahara-ku, Kawasaki, Kanagawa, Japan
Tel: 044-863-9545 Fax: 044-863-9597	Tel: 81-44-863-9545　Fax: 81-44-863-9597
e-mail:texnai@texnai.co.jp　http://www.texnai.co.jp/POD/	
© 長野県富士見町教育委員会井戸尻考古館、2019	© Fujimi-cho Board of Education Idojiri Archaeological Museum, 2019

ISBN 978-4-909601-49-0

例 言

　井戸尻考古館では、主として縄文土器・土偶に関し、かねてより発掘資料の画像データベース化を進めてきたが、この度、一般向けに遺跡別の図録をオンデマンド出版のかたちで刊行することになった。本書は、その第五巻で、井戸尻遺跡の内、第2号・3号・4号住居址；5号小竪穴出土の主要な縄文土器11点を収録したものである。遺跡ならびに土器の解説については、昭和39年（1964）に刊行された藤森栄一編『井戸尻』及び『井戸尻遺跡』（長野県富士見町教育委員会 1994）から抜粋、若干の編集をほどこして転載した。特に『井戸尻』については、遺跡や土器の解説は今となっては理解が不十分なものであったが、学史という意味を重視し、そのまま掲載することにした。写真については画像データベース構築の際に撮影した多視点画像のうち、土器ごとに約3点を選び、1ページに1点という方針で割り付けた。以下、解説、写真の著作者、表記について記す。

1. 遺跡解説：藤森栄一・宮坂英弌・武藤雄六・樋口誠司
2. 土器の解説は小林公明の研究に基づく井戸尻考古館の図像的な解釈を、小松隆史が加筆している。
3. 実測図作成
    実測：宮坂虎次・横田義章・青木義修・堀部昭夫・竹内俊文・樋口誠司
    製図：紅村弘・戸沢充則・佐藤収・小林美知子
4. 多視点写真撮影：関浩明・平出教枝・深沢武雄 / 株式会社テクネ
5. 遺構図ほかの表記法は以下の通りである。
    1) 方位は磁北を指す。
    2) 水糸高は標高 (m) を示す。
    3) 一点破線は埋められた遺構を示す。
    4) 土器データ最終行の ID 番号は、井戸尻考古館画像データベースの ID 番号である。
6. 制作：深沢武雄・平出教枝・鳥居　諭（画像処理）・浜崎　新（OCR）/ 株式会社テクネ

目次

井戸尻遺跡とその調査 ……………………………………………………………… 5
図録
　横帯区画文深鉢（おうたいくかくもんふかばち） ……………………………… 14
　四方神面文深鉢（しほうしんめんもんふかばち） ……………………………… 18
　素文内湾口縁深鉢（そもんないわんこうえんふかばち） ……………………… 22
　香炉形土器（こうろがたどき） …………………………………………………… 26
　蛙文有孔鍔付壺（かえるもんゆうこうつばつきつぼ） ………………………… 32
　蛙文有孔鍔付土器（かえるもんゆうこうつばつきどき） ……………………… 38
　四方眉月文深鉢（しほうまゆづきもんふかばち） ……………………………… 44
　両耳上底甕（りょうみみあげぞこがめ） ………………………………………… 50
　半人半蛙文桶形鉢（はんじんはんあもんおけがたばち） ……………………… 54
　深鉢 (ふかばち) …………………………………………………………………… 58
　有孔短頸壺（ゆうこうたんけいつぼ） …………………………………………… 62

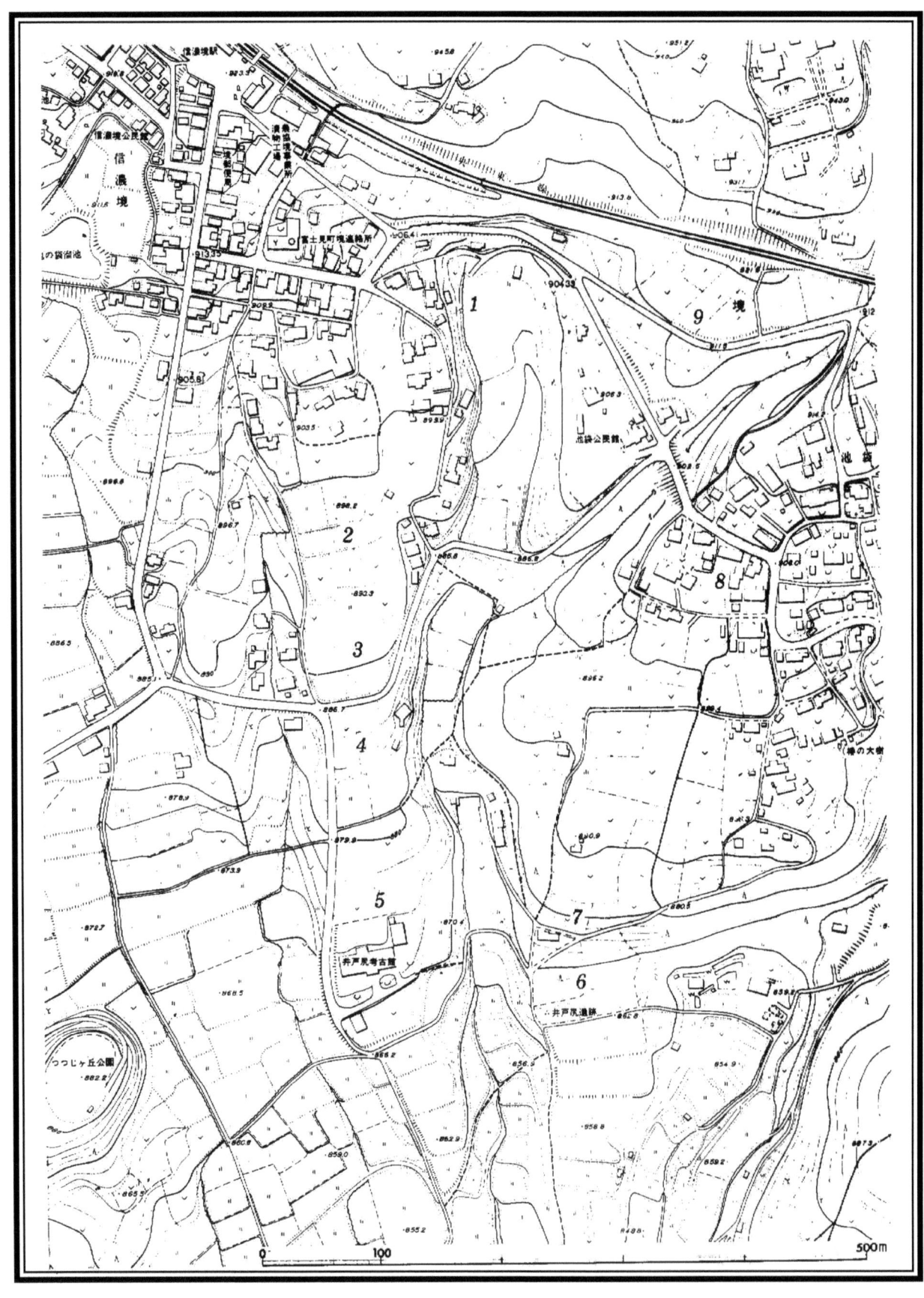

井戸尻遺跡付近地図（1：5000）
1. 井戸　2. 新田平　3. 大花北　4. 大花　5. 曽利　6. 井戸尻　7. 日向　8. 池袋　9. 干沢

井戸尻遺跡とその調査

藤森栄一編 『井戸尻』（1965）より

1. はじめに

井戸尻ということば

　八ヶ岳南麓の海抜900mから1,000mの帯には、いくつかの泉があつて、清冽な水をいっぱいに湧き出させている。これを、この地方の人々は井戸といっている。もともと、井戸尻というのは、その川尻に当たるという意味の、普通名詞的な地名にすぎなかった。

　たまたま、昭和33年、富士見町の石器時代遺跡の調査に当たって、その母体になった研究者の団体が、最初に手掛けたのが、この池袋丘陵端の井戸尻であって、しかも、その最初の発掘調査が、異常な成功をみせ、識者の耳目を聳動させるような成果をあげたことから、井戸尻遺跡保存会が生まれ、以降、井戸尻は、ほとんど、この山麓一帯の石器時代跡の代名詞のような様相を呈することになった。井戸尻といえば富士見町の遺跡、さらに、一面においては、富士見町の名を覆う井戸尻といった傾向すら生まれてきている。

八ヶ岳南麓井戸尻遺跡方面の景観（2010年撮影）

「井戸尻」で総称された遺跡群

井戸尻遺跡付近から見た駒ケ岳方面の景観（2010年撮影）

　井戸尻の名で総括されている遺跡群は、これから、個々について説明するように、大きく分けても、実に20に余る数である。とくに重要な地点のみを挙げても、井戸尻、九兵衛尾根、藤内、狢沢、立沢、新道、籠畑、徳久利、大畑、曾利、居平、大花（いどじり、きゅうべえおね、とうない、むじなざわ、たつざわ、あらみち、かごはた、とっくり、おおばた、そり、いだいら、おおばな）など十指に余る。しかも、研究母体である井戸尻遺跡保存会が発足して以来、わずか数年、この間、調査を完了した遺跡はまことに寥々たるものである。それに、既調査の遺跡といっても、かつて、それを完掘調査したケースは一つもなく、いずれも、ほとんど局部的にあさった試掘に近いものであった。つまり、富士見町の縄文中期を中心とした遺跡群は、学術的にはまだ、ほとんど処女地なのである。

79基の竪穴住居址

　そうした微力による調査研究にもかかわらず、わずかな間にわれわれは、すでに79基におよぶ竪穴住居址のデータを握っている。そして、その79基の竪穴からは、実に390以上におよぶ完形及び復原できる縄文土器を出土している。これは中々に大変な数字なのである。われわれはこの驚くべき遺跡群の調査について、いったいこれでいいのかという、研究方法に対する反省を、絶えずもち続けているのである。

　昭和16年、著者の一人である宮坂英弌が、滝坂地籍に最初の学術的発掘の鋤を振りおろしてから、主査に当たるものはそれぞれ、その時に考えられるベストを尽くしてきたのである。その辛苦というものも、語るを憚ることながら、実に大変なものであった。しかし、一軒の家を掘り上げる度に、かってみえなかった学問的視野の大きさに驚き、この次こそは完全に掘ろうと、いつも、二度とかえらない遺跡の喪失を惜しむのであった。こうして、調査法自体も次第に変更されていった。

　最初、住居址の発掘は、文化遺物の採集はいうまでもないことだが、住居址、つまり、その上屋家屋の復原資料であるという点に、最重点がおかれていた。床面の凹みは、ほとんど、雨垂れ穴のような桑樹の根穴まで計測され、床面は、何と大きくもわからぬアバタ状を呈したりした。現場での観察から、主柱穴を中心に復原上屋をつかむべきなのに、より科学的にしようと、実測図面の上に、不必要な凹みまで記入することによって、むしろ、後からの推考をむずかしくしている場合もあった。

　掘りおこした遺跡に対する贖罪と責任は、厳粛でなくてはならない。しかし、その責任感は、いままでのところ、建築史学の分野にもっぱら集中している感が深かった。柱穴のくわしい形状や寸法は、われわれの責任であっても、われわれの資料としての領分ではなかったわけである。

床面の重なりによる編年

　昭和34年、九兵衛尾根遺跡の第二次調査の時、第5・6・7・8号の四つの住居址が、重なって出てきた。その時、現場発掘主任の武藤雄六は、この竪穴の重複で、土器の編年ができるはずだと、かなり執拗に主張した。しかし、主査の宮坂も、これをとり上げなかったし、藤森も別に何とも考えなかった。やがて、曽利遺跡の発掘を担当した藤森は、はじめて、この武藤の考えを現場にみて、この重大さに驚いたようなわけである。以来、われわれは、重なった竪穴、かつては床面や壁や柱穴、つまり家の構造がつかみにくい故にきらわれていた、ややこしく重なる竪穴に驚喜するようになった。そして、九兵衛尾根、狢沢、藤内、井戸尻、曽利などの、それぞれの組み合せの重複竪穴の把握によって、満足に近い土器型式の時間的な編年の編成に成功したのである。

完全な編年の上にたつ集落の復原

　以下、本章に紹介する数多い遺跡は、すべて、それまでの研究の経過であって、未熟なものや、不備のものも多い。しかし、古い調査より新しい調査は、いく分ずつでも、当然、進歩しているわけである。われわれが、ここ1年、一切の新しい発掘調査を停止して、この正報告の作成にかかったのは、調査が終わったからではなくて、これからはじまるからなのである。正しく、前述した通り調査はこれからなのである。

　われわれは、いま、今までの一切を反省し、率直に行動を表わし、批判を受けることによって、近く再開されるはずの、正しい時期的編年の上に立つ、集落の完全復原に突入したいと願い、そのために、すべての遺跡の調査を中途公表することにしたわけである。

（藤森栄一）

2. 縄文早・前期の遺跡

池袋・井戸尻遺跡下層

　遺跡は、中央線信濃境駅の東南600m、池袋帯状台地の先端に近い舌状部に発達している。遺跡の東西には泉が湧出し、西の泉は百々川（ずうずうがわ）の東岸にあって、川向うは曽利遺跡となっている。

　昭和33年の発掘では、縄文中期の竪穴住居址4ヶ所が発掘された。これらの住居址およびその周辺からは、中期の土器・石器のほかに、縄文早期・前期・後晩期、弥生後期、土師器、古瀬戸など、さまざまの遺物が発見された。中期の四住居址や後晩期に関する報告は、別項であつかい、ここでは、主として、下層の早期・前期の土器の出土状態を記述して参考としたい。

　この遺跡の竪穴住居址外では、およそ次表のような層位を示していた。

	出土土器編年時期
表土	瀬戸片・後晩期・中期
上層	縄文後晩期・中期
中層	縄文中期
下層	縄文前期・早期
ローム	なし

　これらのうち、中期とそれ以前の場合は、だいたい層位の判別が可能であった。しかし第3号・4号竪穴住居址下層出土の、縄文早期・前期の数型式に上る土器の編年別層位を明確にすることは、不可能に近く、ただ、早期の土器は前期より、前期の土器は中期の土器より、下層から発見される場合が多いという程度であった。こうしたことは、この台地上でも、おのおの、居住した場所が異なるために起った現象と判断したい。これら縄文前期・早期土器を包合する層を井戸尻下層とし、この層から発見される早期・前期の土器をそれぞれ、井戸尻下層第1類〜第10類土器と分類していきたいと思っている。

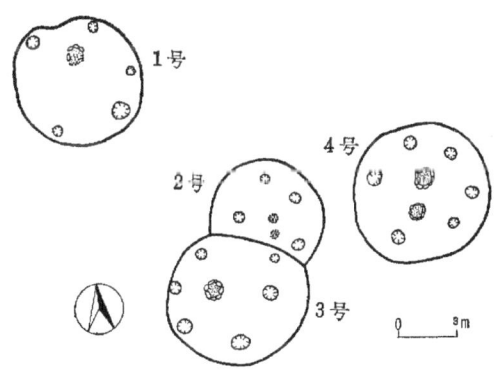

井戸尻住居址分布図

　第3号竪穴住居址は、縄文中期井戸尻Ⅲ式土器を出すものであるが、この住居址は、南半分が貼床となっていて、貼床の下からは、井戸尻下層第10類土器を包合する層が、厚さ20〜30cmで、広範囲にわたって存在した。この層は、この時期の住居址ないし生活面であるものと思われたが、発掘せずに終わっている。

　また、この遺跡の最北端、虹鱒養魚池に通ずる道路にも、3号竪穴下層の土器と同一の、井戸尻下層第10類土器を出土する竪穴が発見されたが、南三分の一はすでに破壊され、三分の一が道路敷となり、残る三分の一は、1.5mに及ぶ覆土をもっていて、その上が新植桑園となっているため、発掘することができなかったのは残念である。

　さらに、遺跡の東端に、荒廃したブドウ園があるが、このブドウ園を造園する際掘られた穴から、前期前半の土器片、第6類土器を数片採集したことがあったが、黒色の堆積土は意外に深く、1.5m以上にもおよんでいた。　　　（武藤雄六）

3. 発掘

　西岳と編笠山の南山麓に展開する高原の台地脚部には、たくさんの清洌な湧水があり、西に滝坂台地、東に池袋台地が、部落と遺跡とを立地させつつこれを囲んでいる。このうち、池袋台地の南斜面、東西90m、南北200mにわたる地域は、遺物を豊富に内蔵している畑地として、井戸尻遺跡はかなり古くから著名であったようである。

　昭和33年、地元池袋区を中心に、井戸尻遺跡保存会が組織され、これを機会に、まず井戸尻遺跡がとり上げられることになった。調査は、武藤雄六が発掘主任、筆者が発掘担当者とし、会員および清陵高校地歴部員がこれをたすけ、33年3月より井戸尻台地南傾斜の最末端、功刀良雄氏畑地661番地のイ号を中心に発掘調査を開始し、4基の住居址を検出し、多大の成果を挙げ、これが名実共に本研究の第一歩となったわけである。

井戸尻　第1号住居址

第1号住居址

　まず、第1号住居址が発掘された。これは、南傾10度の地形に構築された住居址で、北壁は35cmあるが、漸次南に傾斜して、南壁は消失している。平面は5.4mを軸とする隅丸方形、床は水平で軟弱である。

　床の中央からやや北に、径1m、深さ33cmで、竪穴状の炉址がある。炉址の北壁上に、平石4枚を敷き、小石塊と炭屑が豊富にあった。周溝は認められなかった。柱穴は16個検出された。P1・P4・P5・P6を主柱穴とした4本柱を考えるべきか、最も太いP11を中心主柱穴と考えた方がいいか。またはP1・P2・P4・P16・P5・P6・P8・P9をもって8本主柱とした方がいいか、今のところわかっていない。土器は曾利IV式であった。

井戸尻　第4号住居址のすぐ北側に復元された住居〈2010年撮影〉

第2号住居址

　1号址の東南2.4mにある。南壁は、3号址により切られているため、平面は南壁は初めからなかったものであろう。

　径5mの円形、床は水平で堅く、周溝はない。床面中央と、やや東に寄ったところに埋甕炉が2基F2・F2"が並んでいる。共に口縁を床面と平に埋め、周囲の床面は赤く焼けて硬化している。埋甕炉に用いられた2つの土器の型式は、共に狢沢式である。

　柱穴は7個、このうちP7は3号址に属するものかもしれず、P3は径48cm、深さ51cmで、一つだけとくに深く、底面径は上面径よりも広い。袋状で、貯蔵穴とも推察できるものである。家屋主柱の復原については、P1・P3・P5・P6・P7の

5本という考えもある。

遺物は、完形土器8点、破片は少量の前期末諸形式から狢沢式にわたり、このうち狢沢式が主体を占めている。前期末諸形式は共に堆土中に混在していたものである。石器は、打石斧13点、凹石6点、石鏃4点、石匙3点、磨石斧破片1点が発見されている。

第3号住居址

2号住居址の南半部を切っている住居址で、その床面は、2号の床面より15cm低い。1・2号住居址同様に、南に傾斜した土地に設けられた竪穴住居であるから、南壁はみられない。東6.3m、南北5.7mの円形プラン。床面は水平で、南半分には、赤土の貼床が厚さ2cmにわたってはられ、下は黒土となっている。この下層の黒土の層位が、前に述べた井戸尻下層である。

西南の壁下には、幅、深さ共に5cmの溝がみうけられる。

床の中心から西寄りに、平石7個と棒状の石塊1個とをもって、内径60cmの円形な石囲炉が作られている。深さは13cmで焼けている。炉の西床面には、3cmの厚さに炭屑が堆積し、中には器肉の薄い井戸尻Ⅲ式土器がつぶれていた。柱穴としては、ほぼ同大、等深の円形直穴6個が検出された。ただし、このうちP3のは2号阯のP7でもある。6本柱または8本柱であろうか。

出土土器は、井戸尻Ⅲ式の完形土器ならびに半完形土器20点、このうち1点は釣手土器。この他に顔面把手2点、土偶破片2点が発見された。

石器には打石斧の40点をはじめ、石鏃15点、石匙14点、凹石10点、石錐5点、石皿完形3点、破片1点、磨石斧四点、擦切石斧2点、無頭石棒完形、破片ともおのおの1点がある。石器には、上層床上と下層床面下に属する二つの区別があるようである。

第4号住居址

2号住居址の東2mにある片竪穴の住居址で、東西5.7m、南北6.6mの楕円形プランをとる。単独孤立していたので、竪穴の構造については、何らの混乱もない。

床面の南半分は、3号址同様、厚さ2cmの赤土の貼床が黒土の上につくられていた。この下の黒土層は、第3号住居址下層に連続する広い前期・早期の包含層のようである。床の中央には、60cmの間隔で、北方と南とにやや寄って、石囲炉2個を設ける。F4は地床に、長さ30cmの石塊9個を、径60cmの円形に囲んでいる。また、炉石東側の内面に沿って、信仰の意味からか石塊2個を並べている。炉底が焼け、灰層の堆積をみるのはF'4で、

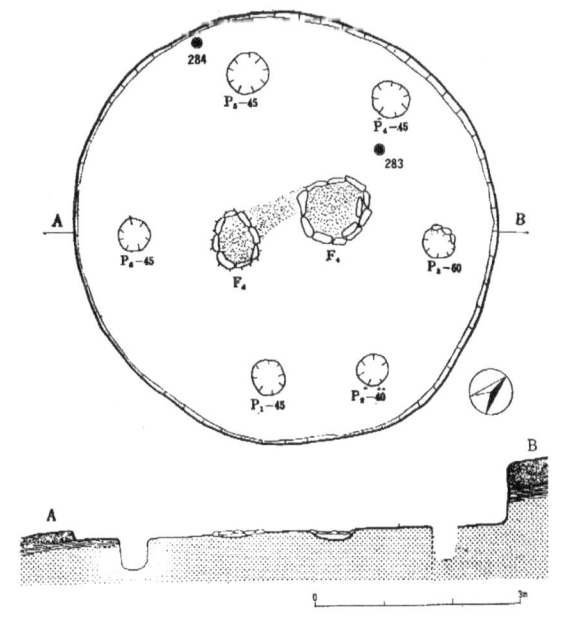

井戸尻　第2・3号住居址

井戸尻　第4号住居址

F4には使用した痕跡がない。まったく同一の炉形式で、しかも、一方は使用しなかったということは、床面の同時性を強調するものである。柱穴は、円形直穴のもの6個で、側壁から60cm乃至90cmの内床に位置している。

　かように、完全な形で復原される竪穴住居址は、なかなかに得がたいものである、梯形に並んだP1・P2・P4・P5、それを支える北奥壁のP3、さらに南方前庭に突出した前支えの棟持ち柱穴P6など、たとえば下諏訪町高木殿村第1号住居址と全く同一形式で、その文化期も、ほぼ近いということと共に、中期中葉の一つの住居形式の典型となるものだろう。しかし、P3の坑内には、完形土器1個(素文内湾口縁深鉢)が倒立して包蔵されていたから、柱穴以外の特殊坑で、五主柱P1・P2・P4・P5・P6の構造も考えられる。しかし、柱穴内に完形土器を包蔵する例は割合に多く、柱によりかけていたものが柱の腐朽後転落したものとも考えられるので、一概に6主柱説を捨てるわけにはゆかないようである。

　出土遺物は、主として、石囲炉周辺に集中遺存していて、土器は井戸尻I式に属する完形12点である。石器は打石斧35点、石鏃15点、凹石17点、石匙6点、石錐4点、石槍2点、磨石斧、石皿破片、石製耳飾破片おのおの1点である。これらのうちには、明らかに井戸尻下層に属するものも多いようである。

総括

　井戸尻の4つの住居址を総括して、もっとも重要なことは、3号・4号の下層が最も古く、次いで、3号に切られている2号の狢沢式単純住居址が古く、3号の井戸尻III式がこれより新しいという事実である。3号と比較すると、4号はやや型式的に古く、井戸尻I式といえる。

（宮坂英弌）

追補

4. 第3次発掘調査　5号小竪穴

　今回、調査の対象になったのは、尾根の下手に当たる箇所である。農林漁業用揮発油税身替農道整備事業の富士見南線がこの地点を横断するため、平成2年9月4日に、長野県教育委員会、諏訪地方事務所、富士見町教育委員会の三者で協議を行い、工事に先立って発掘を実施することになった。

　小竪穴　縄文時代中期の小竪穴は18基検出された。この他、時期不詳の穴が10基あるが、大半は中期に属すものと思われる。早期の小竪穴より標高の高い西側に群在する。これらのうち、墓穴となるものが幾つかある。

(樋口誠司)

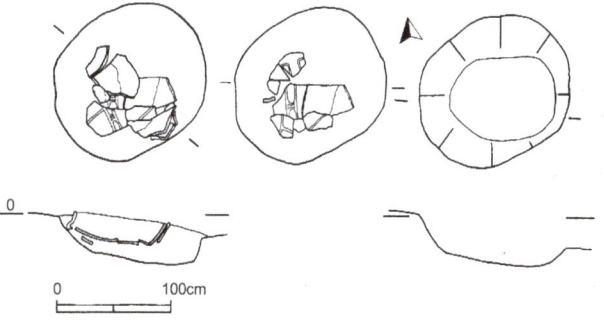

5号小竪穴 (1:40)

第3次発掘調査区

第3次調査風景 (奥に井戸尻考古館)

小竪穴群の調査

5号小竪穴　土器出土状況

図　録

横帯区画文深鉢
（おうたいくかくもんふかばち）
井戸尻遺跡（いどじりいせき）
井戸尻Ⅰ式
井戸尻第4号住居址
昭和33年（1958年）発掘
縄文中期中葉
約4500年前
55.4cm（高さ），35cm（口径）
井戸尻 -P94, No.275
ID-059

褐色の器膚の大ぶりな煮炊具。
　胴部は3段の横帯区画で構成されている。下の2段は楕円区画、最上段はやや異なり、部分的に連続する円環でまとめられている。
　口縁部に頂かれる突起の背面は、双眼のそれと全く同じ造形になっているが、内を向くはずの双眼はなく、ひとつの深い穴になっている。

（井戸尻考古館　小松隆史）

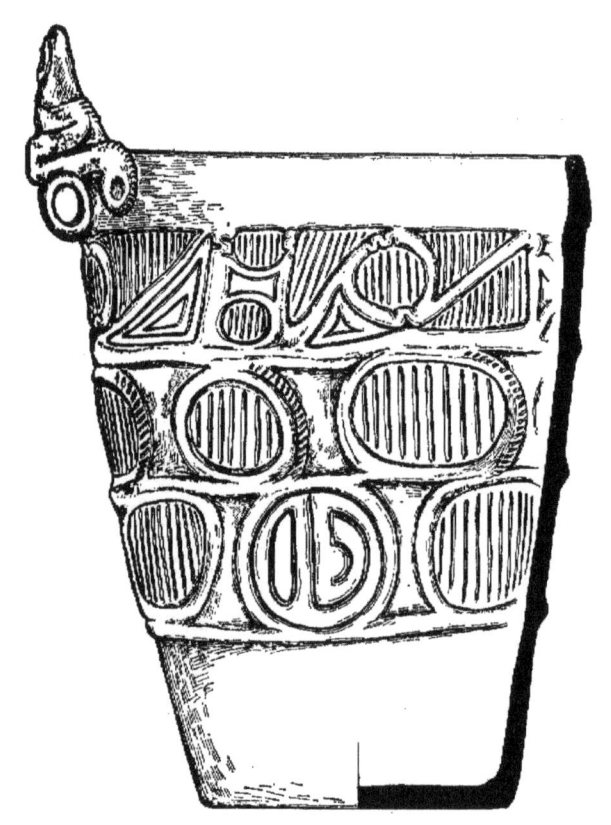

横帯区画文深鉢（おうたいくかくもんふかばち）

15

横帯区画文深鉢（おうたいくかくもんふかばち）

横帯区画文深鉢（おうたいくかくもんふかばち）

四方神面文深鉢（しほうしんめんもんふかばち）

井戸尻遺跡（いどじりいせき）
井戸尻Ⅰ式
井戸尻第4号住居址
昭和33年（1958年）発掘
縄文中期中葉
約4500年前
34.7cm（高さ），36.5cm（口径）
井戸尻-94, No.279
ID-020

　全く突然変異的に人頭を表現する大把手を、四つ対座させた大変な豪華な大甕が出てくる。深い赤褐色の硬い焼成の土器で、冠状のものをかぶった中空の顔面で、目は渦巻、鼻は突起、耳は孔、口は兎唇状のくぼみでそれぞれ表現している。

　破片としては、今までもしばしばみる塔形把手といっているものであるが、こうした母体についたままなのは初見である。井戸尻遺跡群のみでなく、日本先史土器芸術中、まず指を折る名品であろう。

（藤森栄一）

　煮炊き用の土器であるが、口縁に頂かれた四つの大きな造形と引き締まった胴部が、絶妙なバランスと緊張感を保っている。

　四つの大きな造形は中空で、向かい合う二つがそれぞれ対をなしている。それぞれの頂部に二つある小突起は蛇頭の表現であり、くびれた胴には鉤形の蛇の尾がみえる。

　このような土器の四方の造形には、東西南北や春夏秋冬など、方位や四季の概念を示すものがあるらしい。月の神格をまとった蛇は、それぞれの方位や季節を守護する「方神」だと目される。

（井戸尻考古館　小松隆史）

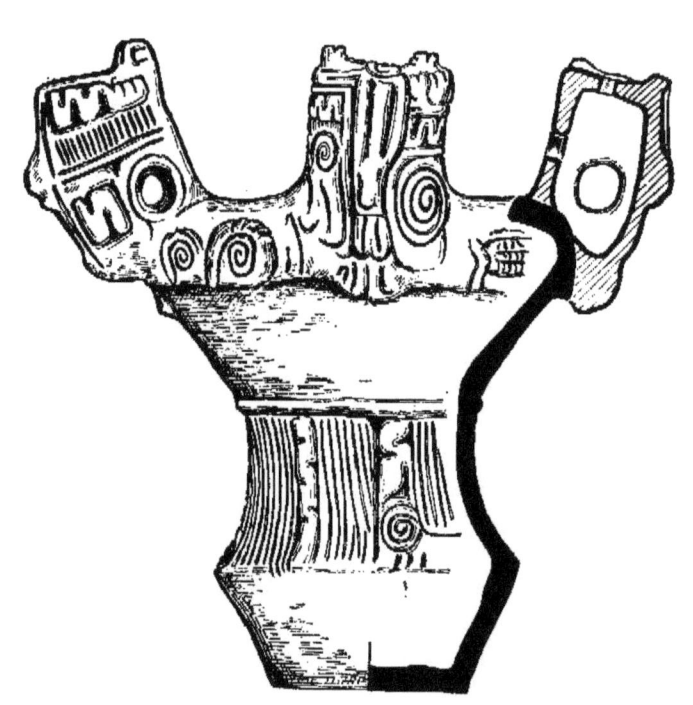

四方神面文深鉢（しほうしんめんもんふかばち）

四方神面文深鉢（しほうしんめんもんふかばち）

20

四方神面文深鉢（しほうしんめんもんふかばち）

素文内湾口縁深鉢
(そもんないわんこうえんふかばち)
井戸尻遺跡（いどじりいせき）
井戸尻Ⅰ式
井戸尻第4号住居址
昭和33年（1958年）発掘
縄文中期中葉
約4500年前
36.2cm（高さ）, 22.5cm（口径）
井戸尻 -P94, No.277
ID-021

　器形・文様ともにこの時期に特徴的な、煮炊き用の土器。
　素文で内湾する口縁には尖峰形の一つ目が頂かれている。その下には傘形の凸帯がめぐり、そこから垂れ下がる凸線と、少し離れて「し」の字状の凸線がある。これは神像に由来する脊柱と腕の図像だと、小林公明は解釈している。

(井戸尻考古館　小松隆史)

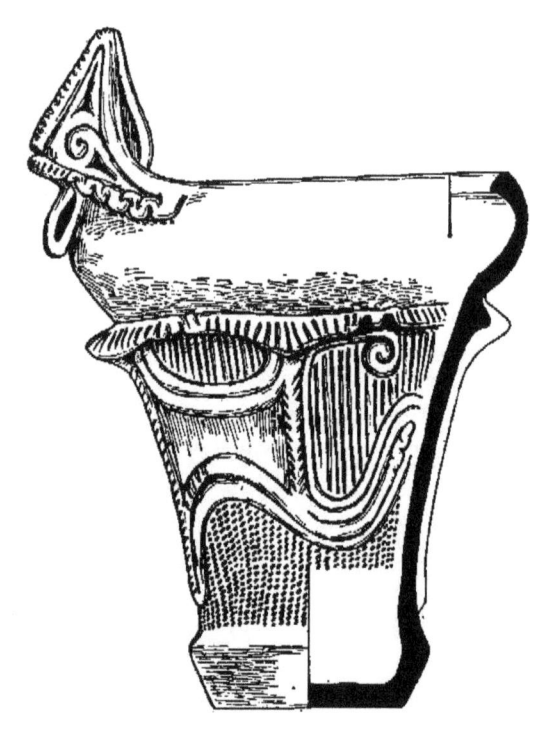

素文内湾口縁深鉢（そもんないわんこうえんふかばち）

素文内湾口縁深鉢（そもんないわんこうえんふかばち）

素文内湾口縁深鉢（そもんないわんこうえんふかばち）

香炉形土器（こうろがたどき）
井戸尻遺跡（いどじりいせき）
井戸尻Ⅲ式
井戸尻第3号住居址
昭和33年（1958年）発掘
縄文中期中葉
約4500年前
24cm（高さ）
井戸尻 -P100, No.375
ID-024

　例品中、最も複雑にまた豪華に飾られて、その頂上の時期を想像させる。しかし揚げ底であって、井戸尻の時期であることは間違いない。なおこの吊手土器の正面右側の吊り手の基部に、灯芯の燃えた痕跡が明瞭に残っている。また背面天井外側は煤状の炭素で真黒になっている。ともに吊手土器がランプであったという絶対の証拠であろう。

（藤森栄一）

　こんにち、これらの土器について、我々は香炉形土器と称しているが、燈火器であることは言を俟たない。しかしそこに灯されたのは、明かりとりのためではなく、神なる火の誕生と、それに連なる祭事のための、特別な炎である。

（井戸尻考古館　小松隆史）

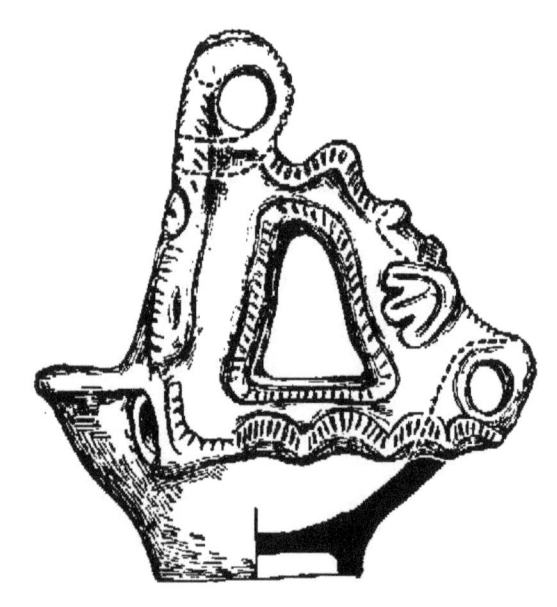

香炉形土器（こうろがたどき）

香炉形土器（こうろがたどき）

香炉形土器（こうろがたどき）

香炉形土器（こうろがたどき）

香炉形土器（こうろがたどき）

蛙文有孔鍔付壺
（かえるもんゆうこうつばつきつぼ）
井戸尻遺跡（いどじりいせき）
井戸尻Ⅰ式
井戸尻第4号住居址
昭和33年（1958年）発掘
縄文中期中葉
約4500年前
28.4cm（高さ）, 18.5cm（口径）
井戸尻-P94, No.283
ID-027

　漆黒の素晴らしい底光りをみせ、所々に円彩が残って美しい。壺の縊れ部に片耳の環状把手があって、その対称的な反対側に、低い注口状の突起があるが、これは開通してはいない。ほとんど注口土器一歩手前というところであるが、こうした形態に有孔鍔付土器があるということは、その用途について大きな暗示を与えるものである。

（藤森栄一）

　酒造器と目される。真上から眺めれば、遊泳している蛙の像が表わされていることがわかる。壺の暗い口が丸々と太った蛙の胴体にあたり、それは光らざる暗月にみたてられている。その中では、月にあるという不死の水、すなわち白い濁り酒が醸される。それが壺に満ちると真っ暗だった蛙の背は、皓皓と照る満月となる。

（井戸尻考古館　小松隆史）

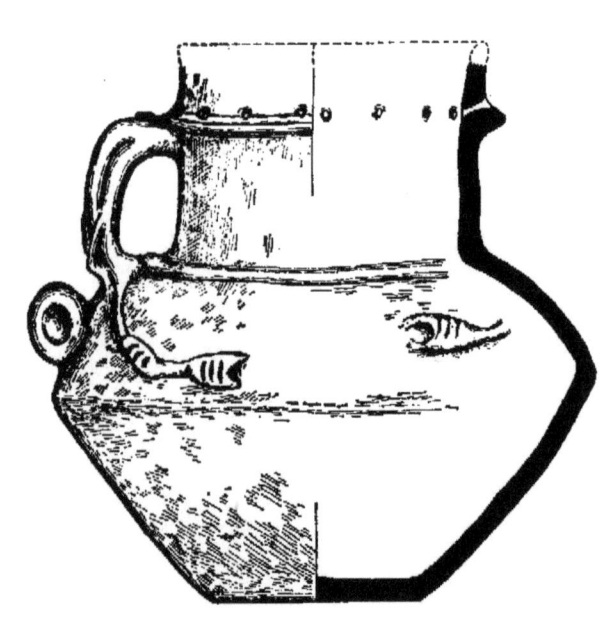

蛙文有孔鍔付土器（かえるもんゆうこうつばつきどき）

蛙文有孔鍔付土器（かえるもんゆうこうつばつきどき）

蛙文有孔鍔付土器（かえるもんゆうこうつばつきどき）

蛙文有孔鍔付土器（かえるもんゆうこうつばつきどき）

蛙文有孔鍔付土器（かえるもんゆうこうつばつきどき）

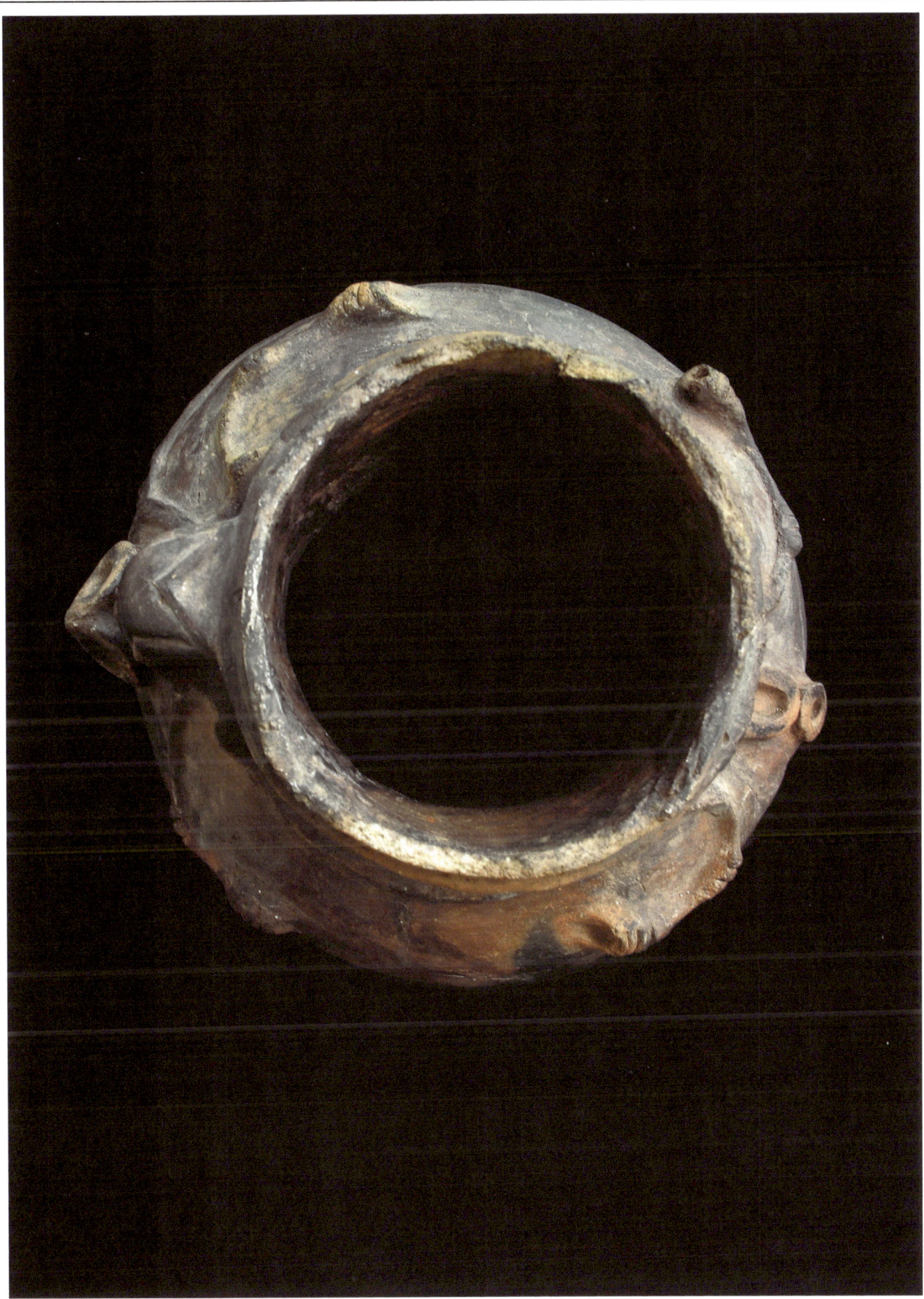

蛙文有孔鍔付土器
（かえるもんゆうこうつばつきどき）
井戸尻遺跡（いどじりいせき）
井戸尻Ⅰ式
井戸尻第4号住居址
昭和33年（1958年）発掘
縄文中期中葉
約4500年前
35cm（高さ），21.8cm（口径）
井戸尻-P94, No.284
ID-028

　四段の輪積みによる縊れ樽形で、今、表面が荒れて黄褐色の胎土が現れているが、内部その他を見ると一種の丹塗りがしてあったらしい。
　中帯には狢沢式（p.52　ID-069）や藤内Ⅰ式（第2巻p.60　ID-051）などですでにみてきた、例の三本指の不気味な表現がある。

(藤森栄一)

　酒造器。デフォルメされた蛙の目と片方の前肢だけが表わされている。前に見た有孔鍔付壺のように、土器本体が蛙の胴を表わすとすれば、両目と左前肢の表現だということになる。手の甲が厚ぼったくつくられ、手首が一旦くびれて瘤のように盛り上がる三本指の前肢は、嬰児の腕でもある。右目から発する前肢は、その形どおり甦った三日月をあらわし、月と人の生命の再誕生を表徴している。

(井戸尻考古館　小松隆史)

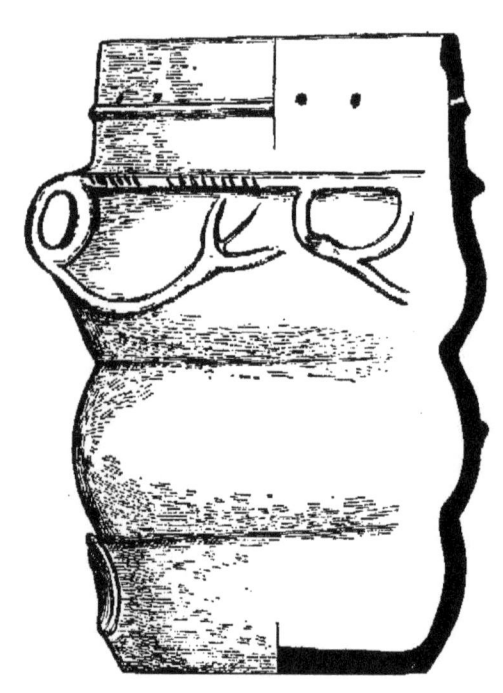

蛙文有孔鍔付土器（かえるもんゆうこうつばつきどき）

蛙文有孔鍔付土器（かえるもんゆうこうつばつきどき）

40

蛙文有孔鍔付土器（かえるもんゆうこうつばつきどき）

蛙文有孔鍔付土器（かえるもんゆうこうつばつきどき）

蛙文有孔鍔付土器（かえるもんゆうこうつばつきどき）

43

四方眉月文深鉢
(しほうまゆづきもんふかばち)
井戸尻遺跡(いどじりいせき)
井戸尻Ⅲ式
井戸尻第3号住居址
昭和33年(1958年)発掘
縄文中期中葉
約4500年前
35cm(高さ),22.6cm(口径)
井戸尻 -P100, No.360
ID-034

　上段には、生漆をかけた痕跡がのこっている。真上からみると口縁は内円外方形をなし、方形の三隅に上下一対の眉月文がおかれ、一隅のみが立体的に立ち上がっている。
　小林公明は、七つの眉月文を古代中国の七舎の概念によって理解しようとした。それによれば、成長し、また衰える日月の運行それぞれの段階を表わすものと考えられる。中段には四種の区画文が配されていて、四季のそれぞれを表わすものとみることもできよう。下段は一部が残存するのみで復元してある。

(井戸尻考古館　小松隆史)

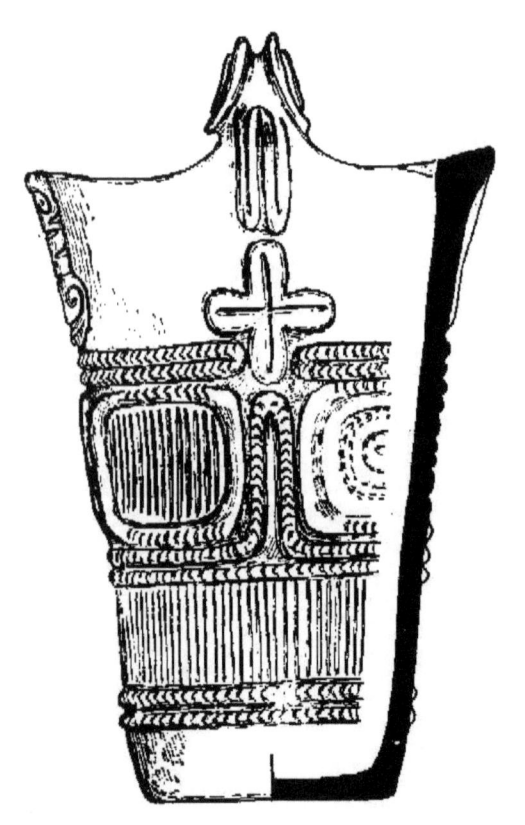

四方眉月文深鉢（しほうまゆづきもんふかばち）

四方眉月文深鉢（しほうまゆづきもんふかばち）

四方眉月文深鉢（しほうまゆづきもんふかばち）

四方眉月文深鉢（しほうまゆづきもんふかばち）

48

四方眉月文深鉢（しほうまゆづきもんふかばち）

両耳上底甕
（りょうみみあげぞこがめ）
井戸尻遺跡（いどじりいせき）
井戸尻Ⅰ式
井戸尻第3号住居址
昭和33年（1958年）発掘
縄文中期中葉
約4500年前
27.4cm（高さ）,34.7cm（口径）
井戸尻-P100, No.374
ID-035

　厚い器壁の重厚な土器。口縁のつくりが人面深鉢と同じで、上げ底になっていることから、格の高い、特別な土器であることがわかる。
　周代の青銅器の『簋（キ）』という器に似た形態と雰囲気を持つ。神饌を盛る礼器であろうか。かつて井戸尻を訪れた陶芸家バーナード・リーチが「世界で最も豪華な土器」と称えたのは、この土器を見てのことである。

（井戸尻考古館　小松隆史）

両耳上底甕（りょうみみあげぞこがめ）

両耳上底甕（りょうみみあげぞこがめ）

両耳上底甕（りょうみみあげぞこがめ）

半人半蛙文桶形鉢
（はんじんはんあもんおけがたばち）
井戸尻遺跡（いどじりいせき）
狢沢式
井戸尻第2号住居址
昭和33年（1958年）発掘
縄文中期前葉
約4900年前
28.3cm（高さ）, 35cm（口径）
井戸尻 -P82, No.161
ID-069

　全体が寸詰りな桶形の鉢は、この時期に特徴的な器種のひとつ。角棒状の工具による押し引きを主な施文方法としている。
　胴部には大胆な半人半蛙像がある。上半身は渦巻から上方へ伸びる三本指の両腕であり、これは「新しい月に抱かれた古い月」の図像に他ならない。下半身はひと回り小さい円環から左右に開いて、やはり三本指の足が伸びる。この種の図像の祖形といってもよい、重要な土器である。

（井戸尻考古館　小松隆史）

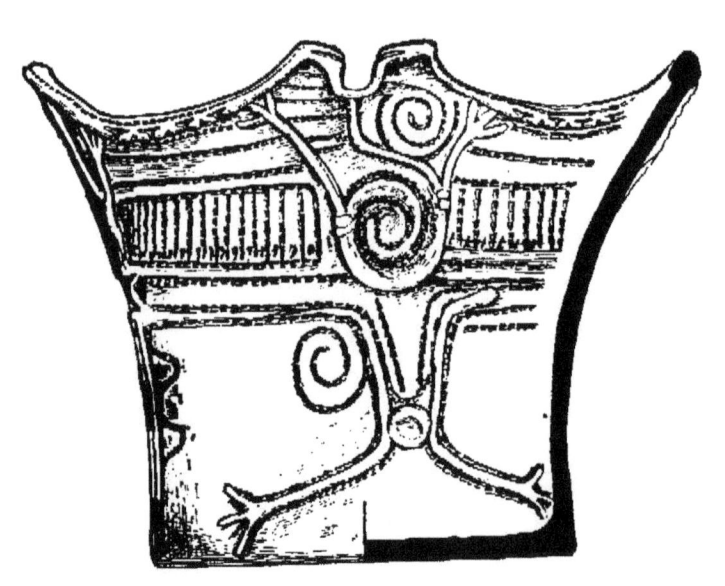

半人半蛙文桶形鉢（はんじんはんあもんおけがたばち）

半人半蛙文桶形鉢（はんじんはんあもんおけがたばち）

半人半蛙文桶形鉢（はんじんはんあもんおけがたばち）

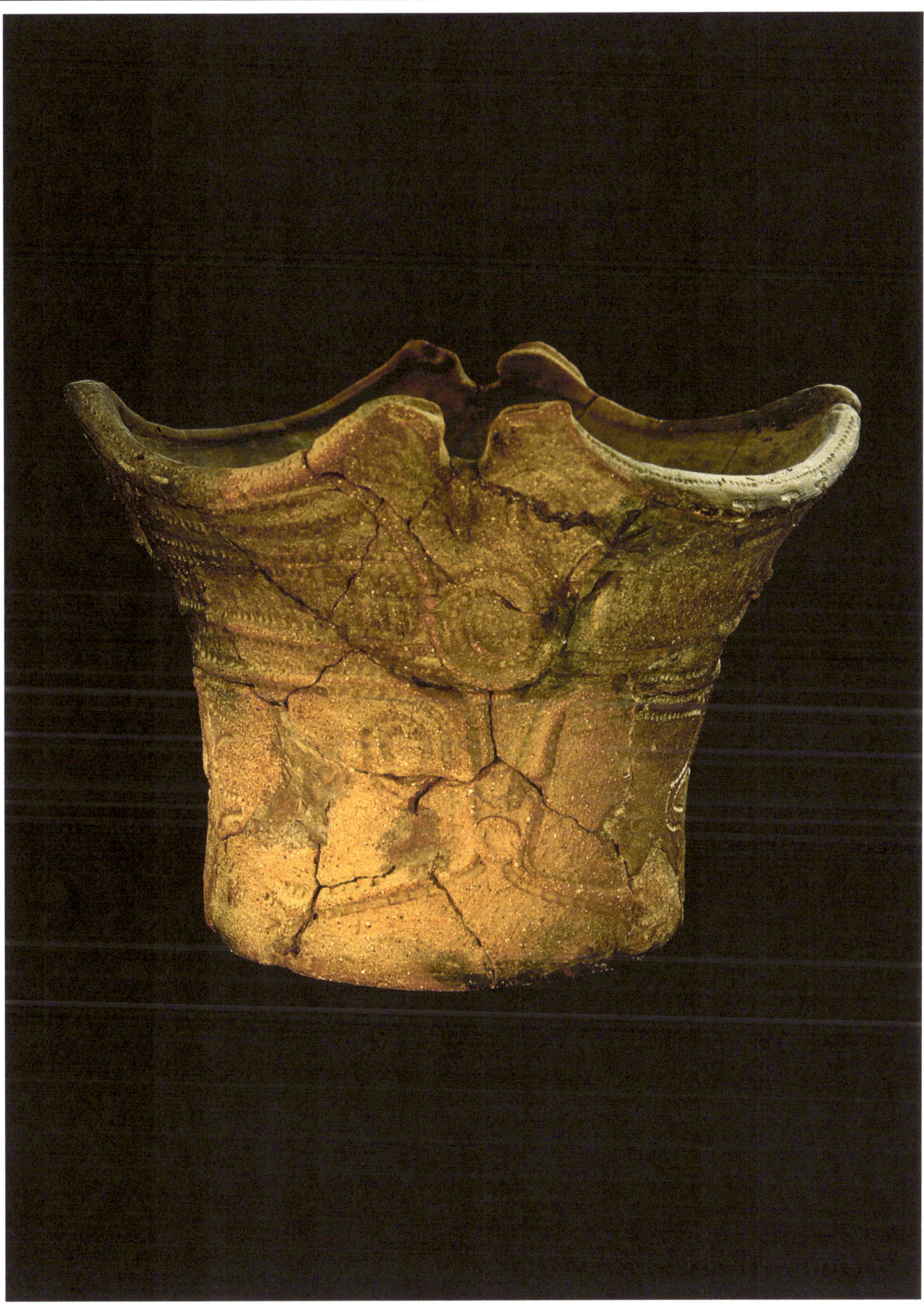

深鉢（ふかばち）
井戸尻遺跡（いどじりいせき）
狢沢式
井戸尻第2号住居址
昭和33年（1958年）発掘
縄文中期前葉
約4900年前
33.4cm（高さ）, 26cm（口径）
井戸尻 -P82, No.161
ID-006

　煮炊き用として用いたらしく、煤の付着が見られる。口縁部には角棒状工具による押し引きで施文されているが、胴部は無文となり、隆線が垂下している。
　藤森栄一はこの土器について、『井戸尻』の中で、「(前略)奇怪な浮隆文がうねっている点は(中略)阿玉台式の特徴とするところであろう。」と記しているが、隆線のあり様は、新道式期に現れる「みづち」や「蛹状の文様」の様を思わせる。

(井戸尻考古館　小松隆史)

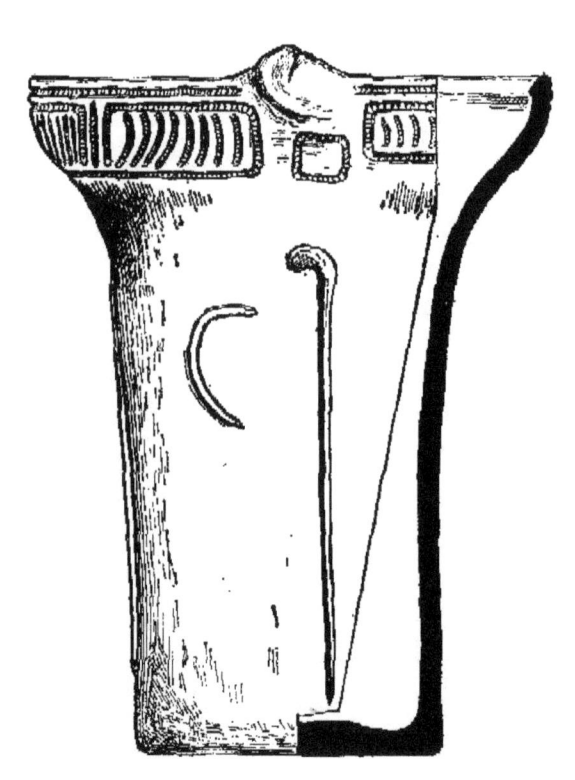

深鉢（ふかばち）

深鉢（ふかばち）

深鉢（ふかばち）

有孔短頸壺（ゆうこうたんけいつぼ）
井戸尻遺跡（いどじりいせき）
新道式
井戸尻第5号小竪穴
昭和33年（1958年）発掘
縄文中期前葉
約4800年前
38.1cm（高さ）,16.3cm（口径）
井戸尻第3次調査報告書口絵写真
ID-011

　長胴な壺形をした酒造器。新道式期の有孔鍔付土器に特徴的な姿である。
　やや粗い粘土ながら、器表面は丁寧に磨かれている。外面には黒い漆を塗り、その上にベンガラの赤を塗っている。
　隆線であらわされた文様は、蛙を表わしたほかの土器と共通していることから、変形された蛙とみることができよう。

(井戸尻考古館　小松隆史)

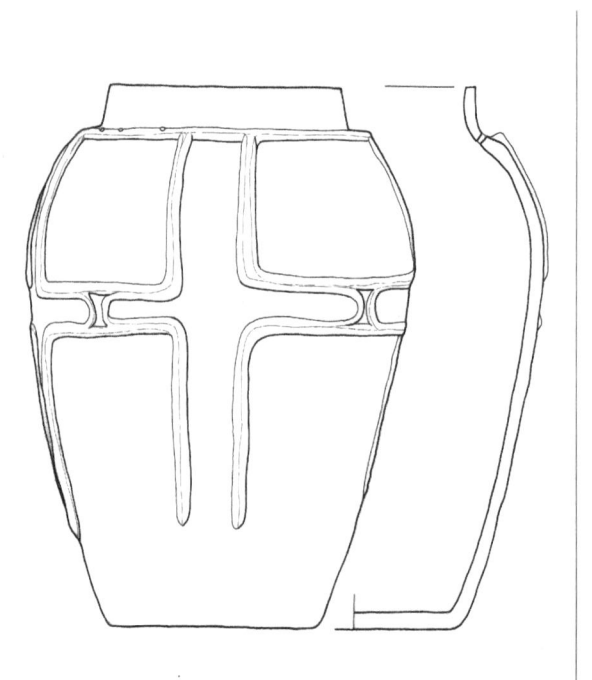

有孔短頸壺（ゆうこうたんけいつぼ）

有孔短頸壺（ゆうこうたんけいつぼ）

有孔短頸壺（ゆうこうたんけいつぼ）

図録 井戸尻の縄文土器 全8巻

本図録は、アマゾンのサイトからご購入いだだけます。
- カラー・ハードカバー版：http://www.amazon.com/ ; http://www.amazon.co.jp/
- モノクロ・カラー ペーパーバック版：http://www.amazon.co.jp/
- Kindle 固定カラー版： http://www.amazon.co.jp/

　井戸尻考古館では、主として縄文土器・土偶に関し、かねてより発掘資料の画像データベース化を進めてきましたが、この度、一般向けに遺跡別の図録をオンデマンド出版のかたちで刊行することになりました。写真については画像データベース構築の際に撮影した多視点画像のうち、土器ごとに最小3点を選び、1ページに1点という方針で割り付けることに」しています。遺跡ならびに土器については、藤森栄一編「井戸尻」、富士見町教育委員会編「藤内」「曽利」「唐渡宮」など各遺跡の調査報告書を基に井戸尻考古館が解説を加えています。

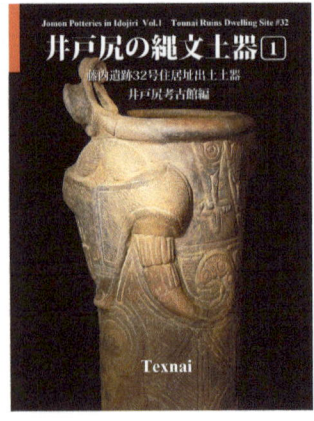

第1巻
藤内遺跡32号住居址出土土器
10点
レターサイズ　64ページ
既刊

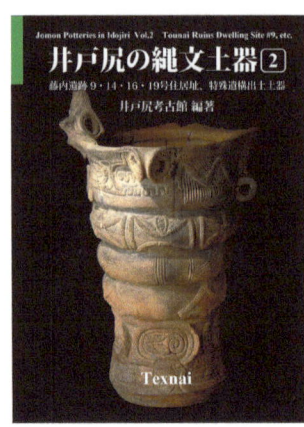

第2巻
藤内遺跡9・14・16・19号
住居址・特殊遺構出土土器 15点
レターサイズ　76ページ
既刊

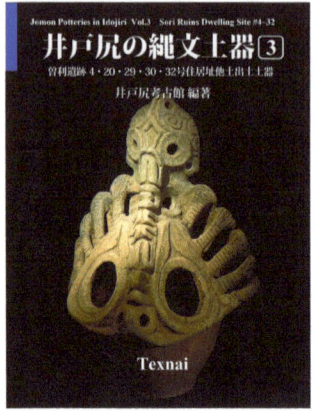

第3巻
曽利遺跡4・20・29・30・32号
住居址他出土土器 12点
レターサイズ　64ページ
既刊

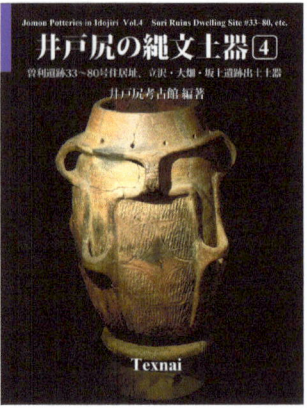

第4巻
曽利遺跡33～80号住居址、立沢・大畑・坂上遺跡出土土器 13点
レターサイズ　68ページ
既刊

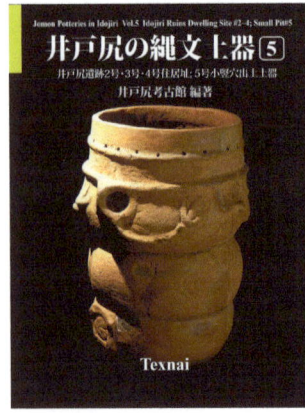

第5巻
井戸尻遺跡2号・3号・4号・5号住居址出土土器 11点
レターサイズ　64ページ
既刊

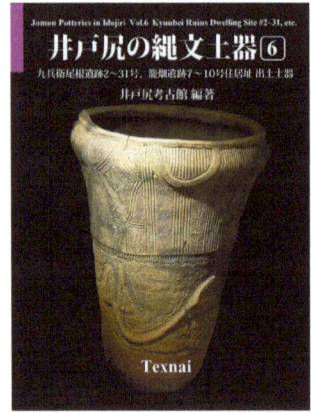

第6巻
九兵衛尾根遺跡2～31号、籠畑遺跡7～10号住居址 出土土器 14点
レターサイズ　70ページ
既刊

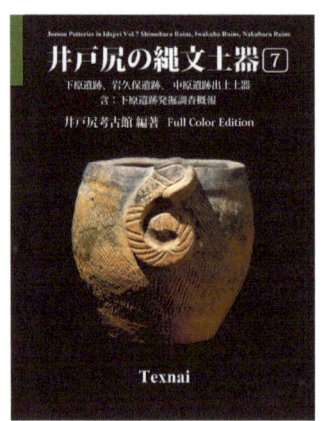

第7巻
下原遺跡、岩久保遺跡、中原遺跡出土土器 ＜含：下原遺跡発掘調査概報＞ 10点
レターサイズ　64ページ
既刊

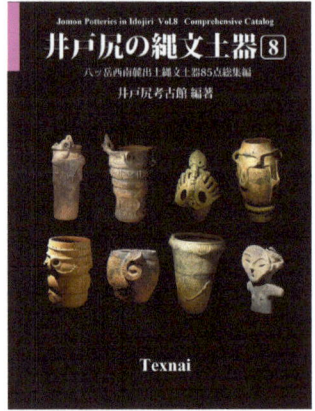

第8巻
井戸尻の縄文土器　総集編 85点
レターサイズ　448ページ
近刊

※ 近刊のページ数、内容・掲載土器点数は予告なく変更される場合があります。

編著：長野県富士見町井戸尻考古館　　発行元：株式会社テクネ　〒211-0051 神奈川県川崎市中原区宮内 4-7-3 - 505　Tel: 044-863-9545(代)

www.ingramcontent.com/pod-product-compliance
Lightning Source LLC
Chambersburg PA
CBHW041410010526
44107CB00015B/1128